Für Dich,
liebe Tante Kickel,
in dankbarer
Freude über
"zufällige", schöne
Begegnungen
und Gespräche!

Deine
Angelika
— Sept. 02 —

Hafis
Die Liebe erleuchtet den Himmel

Hafis

Die Liebe erleuchtet
den Himmel

Deutsch von
Ilserose Vollenweider

Benziger

Die englischsprachige Ausgabe, die dieser Auswahl
zugrunde liegt, erschien unter dem Titel »*The Gift*« bei
Penguin Compass, Penguin Putnam Inc.,
New York, USA
© 1999 Daniel Ladinsky

Die Deutsche Bibliothek – CIP-Einheitsaufnahme

Hāfiz:
Die Liebe erleuchtet den Himmel / Hafis. Dt. von
Ilserose Vollenweider. – Düsseldorf ; Zürich :
Benziger, 2002
ISBN 3-545-20247-X

© 2002 Patmos Verlag GmbH & Co. KG
Benziger Verlag, Düsseldorf und Zürich
Alle Rechte, einschließlich derjenigen des auszugs-
weisen Abdrucks sowie der fotomechanischen und
elektronischen Wiedergabe, vorbehalten.
Umschlag: Gesine Beran
Satz: KompetenzCenter, Düsseldorf
Druck und Bindung: fgb · freiburger graph. betriebe
ISBN 3-545-20247-X
www.patmos.de

Inhalt

Vorwort 7

I
»Warum nicht einen besseren Job finden?«
Fragen der Seele 9

II
»Solange man noch in den Vorstädten Gottes lebt«
Sehnsucht nach Gott 19

III
»Gott wird in deine Tasche klettern«
Eine ungewöhnliche Beziehung 29

IV
»Damit du kommen und mitsingen kannst«
Freunde werden 39

V
»Als ob du, ich und Gott verheiratet wären«
Mitten im Leben 51

VI

»Schau, was eine solche Liebe bewirkt«
Die Geheimnisse der Liebe 65

VII

»Nicht um gefangen zu nehmen«
Der Weg in die Freiheit 73

VIII

»Dann beginnt das Herz zu singen«
Das Leben in Freude verwandeln 89

Vorwort

Hafis wurde in Schiras geboren und lebte von ca. 1320 bis 1389 – etwa während der Zeit eines Meister Ekkehard und einer Hildegard von Bingen. Für weltliche und geistliche Obrigkeit war er ein spiritueller Rebell: Er war überzeugt, dass es eine Gotteserfahrung auch ohne Mittler geben kann. Viele seiner (ca. 5000) Gedichte wurden vernichtet. Hafis musste mehrmals fliehen und einige Jahre im Exil in äußerster Armut verbringen. Im Westen wurde sein Werk durch Goethe bekannt, der ihn begeistert als Seelenbruder bezeichnete und nach seiner Begegnung mit Hafis' Werk den *West-Östlichen Diven* schrieb.

Dass Hafis ein Sufi war, wussten auch viele seiner Zeitgenossen nicht. Die Lehren der Sufis werden in einer Symbolsprache ausgedrückt: Das Bild vom Wein und der Taverne steht für die Liebe und die Sufi-Schule, die Nachtigall und die Rose entsprechen dem Geliebten, die spirituell Suchenden werden als Clowns, Bettler oder trunkene Wegelagerer bezeichnet. Für Gott hat Hafis ein einzigartiges Vokabular: Er ist für ihn mehr als nur der Vater, die Mutter, das Unendliche – für ihn ist er der großzügige Kaufmann, der Problemlöser, der Freund, der Geliebte – jemand, den wir in allem treffen können. Noch heute werden seine Gedichte in ganz Persien gesungen – von Bauern, Handwerkern, Gelehrten, Prinzen und

Kindern. Seine Gedichtsammlung *Divan* wird heute im Iran häufiger verkauft als der Koran.

Mir, der deutschen Übersetzerin, begegnete Hafis in Chicago. Ich wanderte ziellos mit dem Enkel im Kinderwagen in einer Buchhandlung herum und erblickte plötzlich das Buch *The Gift – Poems by Hafiz*. Ich blätterte darin und war fasziniert von der Übersetzung des Amerikaners Daniel Ladinsky, der diese zeitlose spirituelle Dichtung in eine ander Kultur, eine moderne, manchmal spitzbübisch-humorvolle Sprache und eingängige Bilder übertragen hatte: Dieses Buch war ein Schatz der Vergangenheit und zugleich ganz relevant für die Gegenwart.

Zuhause in Deutschland begann ich, einige dieser Gedichte – jene, die mich ins Herz trafen, mich ermutigten, begeisterten – ins Deutsche zu übertragen. Darin berichtet Hafis von der Lebensreise eines Menschen, der zunächst aus innerer Leere heraus Gott sucht und ihm tatsächlich begegnet. Das führt zu einem Leben vollkommener Freude, vollkommenen Wissens und vollkommener Liebe. Die Texte wollen herausfordern und dazu einladen, die Alltagserfahrungen im eigenen Leben als kostbare Geschenke Gottes zu feiern.

Ilserose Vollenweider, im Juni 2002

I

»Warum nicht einen besseren Job finden?«
Fragen der Seele

Sperrstunden

Lärm
Ist ein grausamer Herrscher,

Der immer
Sperrstunden verhängt.

Stille und Ruhe hingegen
Brechen die Flaschen edlen Weines auf

Und wecken
Die wahre Musik.

Ein Trauerspiel

Schuldzuweisungen
Halten das Trauerspiel in Bewegung.
Sie stehlen dir immer wieder deinen
   Reichtum
Und geben ihn einem Trottel
Ohne finanzielles Know-how.
Werdet schlau,
Meine Lieben,
Werdet schlau!

Verdammt durstig

Erst
Muss der Fisch sagen:

»Irgend etwas stimmt nicht
Mit diesem Kamelritt –

Und ich bin
So verdammt

Durstig.«

Es hat kein Licht geregnet

Es hat seit Tagen kein Licht geregnet.
Die Brunnen in vielen Augen
Sind von der Dürre gequält.

Deshalb sind Freunde
Nicht leicht zu finden
In dieser Öde

Wo fast jeder krank geworden ist
Vom eifersüchtigen Betrachten
Des Nichts.

Auf dieser Karawane
Durch glühende Wüstenhitze
Können Karrieren und Städte real erscheinen

Aber ich sage denen, die mir nahe stehen:

»Geht nicht in ihnen verloren,
Es hat dort seit Tagen kein Licht geregnet.

Schaut, fast jeder ist erkrankt
Vom Lieben
Des Nichts.«

Zwei Bären

Es saßen einmal zwei Bären
Nach einem harten Tag der Futtersuche
Schweigend beisammen
An einem schönen Aussichtsplatz
Und schauten zu, wie die Sonne unterging,
Und waren zutiefst dankbar für ihr Leben.

Doch nach einer Weile
Begannen sie ein tiefschürfendes Gespräch
Und landeten beim Thema
Ruhm

Der eine Bär fragte:
»Hast du das Neuste von Rustam gehört?
Er ist berühmt geworden
Und reist von Stadt zu Stadt
In einem goldenen Käfig;

Hunderte von Menschen
Kommen zu seinen Vorstellungen,
Lachen und beklatschen seine
Tollen
Kunststückchen.«

Der andere Bär
Dachte einige Augenblicke nach

Und begann dann zu
Weinen.

Die große Weite

Zorn
Lässt das Schiff kentern.

Dabei preisen wir nicht
Dieses »Untergehen« in Seinem Meer,
Sondern überqueren die große Weite
Jeder einzelnen Minute mit all dem Mitgefühl
Und all der Würde, die wir
Aufbringen
Können.

Integrität

Wenige
Haben die Stärke
Wirkliche
Helden zu sein –

Jene
Seltenen Personen,
Die immer
Wort halten.

Selbst ein Engel braucht Ruhe.
Integrität schafft einen so weiten Körper,

Dass tausend Geflügelte
Flehen werden:

»Darf ich meine Wange
Bei dir
Anschmiegen?«

Einen besseren Job finden

Jetzt,
Da sich
All
Deine Sorge
Als ein
So miserables Geschäft
Erwiesen hat,
Warum
Nicht
Einen besseren
Job
Finden?

II

»Solange man noch in den Vorstädten
  Gottes lebt«
  Sehnsucht nach Gott

Zugrunde gehen

Die Erde
Würde sterben,
Wenn die Sonne aufhörte sie zu küssen.

Nun aber ist Hafis
Auch eine solch zerbrechlich-schöne Welt
Und geht zugrunde,

Wenn Gott nicht
Nahe ist.

Die Engel kennen dich gut

Du hast ein Kind mit mir gezeugt.

Du hattest deine Freundennacht.

Wenn du nicht mehr die Liebe begehrst,
Die mein schöner Körper geben kann,

So vergiss wenigstens nicht
Jenes heilige Kind: mein Herz.

Gott, du hast einen Erben mit mir gezeugt,
Als du mein Herz schufst.

Letzte Nacht dachte ich daran,
Mich bei allen Engeln zu beklagen

Wie du dieses »heimatlose Kind« behandelst.

Doch dann entsann ich mich:
   Auch sie haben eine lange Liste
   von Liebes-Beschwerden,

Denn auch sie
Kennen dich so
Gut.

Vorstädte

Klagen
Sind nur möglich,

Solange man noch
In den Vorstädten
Gottes
Lebt.

Unmissverständlich

Gib deine Einsamkeit
Nicht so schnell auf.
Lass sie tiefer schneiden.
Lass sie in dir gären und
Dich zur Reifung bringen,
Wie es kaum eine andere
– Menschliche oder göttliche –
Zutat vermag.
Der Mangel in meinem Herzen heute Nacht
Hat meine Augen so sanft,
Meine Stimme
So zart gemacht,
Mir unmissverständlich gezeigt,
Wie sehr ich
Gott brauche.

Ich regne

Ich regne,
Denn deine Wiesen rufen
Nach Gott.

Ich webe Licht in Worte, so dass,
Wenn dein Verstand sie begreift,

Deine Augen ihre Traurigkeit aufgeben
Und leuchten, immer mehr leuchten
Und uns den Weg zeigen wie eine Kerze
In der Dunkelheit.

Ich habe mein Lachen
Wie ein Geburtstagsgeschenk verpackt
Und neben dein Bett gelegt.

Ich habe die Weisheit in meinem Herzen
Neben jeden Wegweiser des Himmels
    gepflanzt.

Ein reicher Mann
Wird oft exzentrisch;

Eine von Gott verzückte Seele
Verwandelt sich in unendliche Großmut

Und bindet goldene Säcke als Geschenk
An die baumelnden Füße von Monden und
  Planeten,
Von schwebenden Derwischen und
  Singvögeln.

Ich spreche,
Denn jede Zelle in deinem Körper greift
Nach Gott.

Wo ist die Tür

Wo ist
Die Tür zu Gott?
Im Bellen des Hundes,
Im Schlagen eines Hammers,
In einem Regentropfen,
Im Angesicht
Eines jeden Menschen,
Den ich sehe.

Bis

Ich glaube, wir fürchten uns
Jeden Augenblick unseres Lebens,
Bis wir
Ihn
Kennen.

Vor vielen Leben

Dein Geschmack hat sich verfeinert:

Früher, wenn all deine Münzen gestohlen
Oder deine sexuellen Freuden in einem
   Raum verschlossen wurden,
Zu dem du keinen Zutritt hattest,

Dann hatte diese Welt keinen Sinn mehr für
   dich
Und dich dürstete vielleicht sogar
Nach einem Schierlingsbecher.

Doch das war vor vielen Leben.

Schau dich heute an:

Du bist zwar noch immer oft konfus,
Doch heute

Weinst du manchmal
Aus Sehnsucht nach
Ihm.

III

»Gott wird in deine Tasche klettern«
Eine ungewöhnliche Beziehung

Lasst uns essen

Warum
Gottes Speisekarte nur studieren?
Verdammt, wir sind alle
Am Verhungern –
Lasst uns
Essen!

Aufgescheucht von Gott

Nicht wie
Ein einsamer schöner Vogel –
Diese Gedichte steigen auf wie große weiße
　　Schwärme
Vor den ausgedehnten Hügeln meines
　　Verstandes,
Aufgescheucht von Gott.
Ein Ast bricht,
Als Sein Fuß
Die Erde
In meiner Nähe
Berührt.

Der Same brach auf

Früher fragte ich mich morgens
Beim Aufwachen
Allen Ernstes:
»Was soll *ich* heute tun?«

Das war,
Bevor der Same aufbrach.

Jetzt ist sich
Hafis sicher:

In diesem Körper
Hausen zwei von uns;

Zwei, die miteinander auf dem Markt
    einkaufen
Und sich beim Zubereiten des Nachtessens
Liebevoll Necken.

Heute spielen beim Aufwachen
Alle Instrumente in meinem Innern
Unisono:

»Gott, welchen Liebes-Schabernack
Können *wir* heute
Der Welt
Spielen?«

Kein Weggehen

An einem bestimmten Punkt
Wird deine Beziehung
Zu Gott
So aussehen:

Wenn du ihn das nächste Mal
Im Wald oder auf einer belebten Straße
   triffst,

Wird es kein
»Weggehen« mehr geben.

Denn

Gott wird in deine Tasche
Klettern

Und du wirst dich einfach

Selber

Mitnehmen!

Jetzt hab ich dich

Gott
Spielt in tausend Verkleidungen
Fangen mit dir.

Er hat dich geküsst und gesagt:
»Jetzt hab ich dich –

Jetzt hab ich dich endlich!«

Nun
Spielt es keine Rolle mehr,
Was du glaubst oder fühlst,

Denn ein Wunder,
Ein Wunder ersten Ranges
Wird eines Tages

Geschehen.

Ein ungleiches Paar

Wir sind wie ein
Frisch vermähltes,
Ungleiches Paar,
Bei dem sich einer
Immer noch sehr unsicher fühlt –

So wende ich mich immer wieder
Gott zu
Und sage:
»Küss
Mich.«

Der Gott, der nur vier Wörter kennt

Jedes Kind
Hat Gott gekannt –
Nicht den Gott der Namen,
Nicht den Gott der Verbote,
Nicht den Gott, der immer
So seltsame Dinge tut,

Sondern den Gott, der nur vier Wörter kennt
Und sie wieder und wieder sagt:

»Komm, tanz mit mir!«

Komm,
Tanz!

Was soll's

Die
Wahre Liebe
Halte ich geheim.

All meine Worte
Werden draußen vor ihrem Fenster gesungen,

Denn wenn sie mich einlässt,
Schwöre ich tausend Eide zu schweigen.

Aber dann
Sagt sie –

Oh, dann sagt Gott:

»Was soll's, Hafis,
Warum gibst du nicht der ganzen Welt
Meine Adresse?«

IV

Damit du kommen und mitsingen kannst«
Freunde werden

Ich halte die Pranke des Löwen

Die halte die Pranke des Löwen,
Wann immer ich tanze.

Ich kenne die Ekstase der Falken,
Wenn sie sich am Himmel lieben

Und Sonne und Mond
Streiten manchmal darüber,
Wer mich abends zu Bett bringen darf.

Wenn ihr meint, ich hätte mehr Spaß
Als irgendjemand sonst auf diesem Planeten,
Habt ihr völlig Recht.

Aber Hafis
Ist bereit, all seine Geheimnisse mit euch zu teilen –
Darüber, wie man den Schönen
Kennen lernen kann.

Ich halte die Pranke des Löwen, wann immer ich tanze.

Ich kenne die Ekstase der Flügel eures
    Herzens
Wenn sie sich am Himmel lieben,

Und Sonne und Mond
Werden einmal darüber streiten,
Wer euch zu Bett bringen darf!

Auf einem Kristallrand

Die Erde
Hält ihr Glas der Sonne entgegen,
Und Licht – Licht
Wird eingeschenkt.

Ein Vogel
Kommt und setzt sich auf einen Kristallrand.
Von meiner Waldhöhle aus höre ich Singen,

Deshalb eile ich zum Rand der Existenz
Um mich mit meiner Seele in Liebe zu vereinen.

Ich halte Gott mein Herz entgegen
Und Gnade wird eingeschenkt.

Ein Smaragdvogel steigt
Aus meinem Innern auf und setzt sich
Auf das Glas des Geliebten.

Ich habe die dunkle Höhle
Für immer verlassen,
Mein Körper ist mit dem seinen
   verschmolzen.

Ich lege dir meine Flügel
Als Brücke zu Füßen,

Damit du kommen
Und mitsingen kannst.

Ein Kissen für deinen Kopf

Setz dich einfach hin.
Lass alles.
Ruh dich aus.

Denn nichts ist anstrengender
Als von Gott, von der Liebe, getrennt zu sein.

Lass mich dir verschiedene Gerichte bringen
Und etwas,
Das du gerne
Trinkst.

Meine sanften Worte kannst du
Wie ein Kissen
Unter deinen Kopf
Legen.

Gott war nahe

Keiner,
Der sich
Nach Liebe sehnt,
Kann eine Stunde
Mit meinen Versen sitzen
Ohne beim Weggehen
Goldene Werkzeuge
Bei sich zu tragen
Und das Gefühl,
Dass Gott ihm
Nahe war.

Warum sich enthalten?

Warum
Sich der Liebe enthalten,
Wenn deine Seele doch eines Tages
– Wie die schöne Schneegans –
Dieses Sommerlager
Verlassen wird?

Warum
Sich des Glücks enthalten,
Wenn dein Herz sich doch
– wie ein erfahrener Löwe –
Anpirschen

Und eines Tages erkennen wird,
Dass die göttliche Beute
Immer
Nahe ist!

Bitte

Wir sind
Am Ende des Nils.

Wir tragen Partikel
Von jedem Erdteil, jeder Kreatur,
 jedem Zeitalter.

Seit Jahrmillionen regnet es,
So weit das Auge sehen kann

Und unsere Sinne
Sind so trübe, verglichen mit deinen,
 oh Gott!

Doch wo wir alle versuchen,
Den klaren Himmel-Ozean zu fassen,
Höre ich nur diese Worte von dir:

»Komm, mein Liebes.

Bitte,
Meine Lieben,
Kommt.«

So viele Geschenke

So viele Geschenke zu deinem Geburtstag
Sind noch ungeöffnet;
So viele selbstgemachte Geschenke,
Die Gott dir zugedacht hat.

Immer wieder sagt dir der Geliebte:
»Alles, was ich habe, gehört dir.«

Bitte verzeih Hafis und dem Geliebten,
Wenn wir in gutmütiges Lachen ausbrechen
Über die Klage deines Herzens,
Es würde verdursten –
Wo doch vor so langer Zeit
Jede Zelle deiner Seele
Für immer gekentert ist,
Hinein in dieses unendliche goldene Meer.

Wahrhaftig,
Der Schmerz eines Liebenden ist,
 als ob man
Zu lange den Atem anhält
Mitten in einer lebenswichtigen Tat,

Mitten im
Lieblingsgesang
Der Schöpfung.

Wahrhaftig,
Der Schmerz eines Liebenden ist dieser
    Schlaf,
Dieser Schlaf –
Obwohl Gott sich gerade umgedreht und dir
Einen dicken Guten-Morgen-Kuss gegeben
    hat!

So viele Geschenke zu deinem Geburtstag,
    mein Liebes,
Sind noch ungeöffnet.
Oh, es gibt noch so viele, selbstgemachte
    Geschenke,
Die Gott dir
Für dein Leben
Gibt.

Freundschaftsdienste

Was Freunde
Füreinander tun:

Sie sagen, unter welcher Matte
Der Haustürschlüssel steckt.

Hafis, lass das Schwatzen,
Komm zur Sache:

Schau unter der rechten Ecke
Jenes Kirmans hinter
Der Scheune nach,

Da, wo mein Lieblingshund meistens
Schläft
(Keine Angst, er beißt nicht).

Denn du hast ja keine Ahnung,
Wie unvergleichlich die Aussicht
Auf Gott

Von meinem Schlafzimmer aus ist!

V

»Als ob du, ich und Gott verheiratet wären«
Mitten im Leben

Wie ein Musiker

Wie
Sollten jene,
Die von Gott wissen,
Sich begegnen
Und auseinander gehen?

So
Wie ein leidenschaftlicher Musiker
Sein geliebtes Instrument
Begrüßt

Und – wie jeder große Künstler –
Besonders achtsam damit umgeht

Um mit dem letzten Ton
das Kunstwerk
zu vollenden.

Wie höre ich zu?

Wie
Höre ich
Anderen zu?

So,
Als wäre
Jeder mein Meister,
Der seine
Kostbaren
Letzten Worte
Spricht.

Bleibe bei uns

Du verlässt unseren Kreis,
Wenn du
Von Scham sprichst,

Und das macht
Jeden in der Taverne traurig.

Bleib und hilf uns
Bei dieser schwersten aller Arbeiten:

Mit Hacke und Schaufel
Unsere tiefe Verwandtschaft
Mit Gott
Freizulegen

Und dadurch
Unseren eigenen göttlichen Wert
Zu offenbaren.

Du verlässt
Unseren Kreis, die Freunde des Geliebten,
Wenn du
Von Schuld sprichst,

Und dies macht
Jeden in der Taverne sehr traurig.

Bleib bei uns zur Nacht,
Während wir Liebe weben

Und uns offenbaren,
Uns offenbaren

Als seine kostbaren
Gewänder.

Wir beide

Ich möchte, dass wir beide
Über diese große Liebe zu reden beginnen.

So, als ob du, ich und die Sonne verheiratet
   wären
Und zusammen
In einer winzigen Kammer lebten

Wo wir einander helfen beim Kochen,
Geschirrspülen,
Weben und Flicken,
Beim Versorgen unserer schönen
Tiere.

Jeden Morgen verlassen wir drei das Haus,
Um das Feld der Erde zu bestellen.
Da ist keiner, der nicht schwer zu tragen
   hätte.

Ich möchte, dass wir beide
Wie zwei fahrende Sänger
Zu singen beginnen
Über das ungewöhnliche Leben, das wir drei
   führen.

So, als ob Du,
ich und Gott verheiratet wären
Und in einer winzigen Kammer
Lebten.

Menschlich werden

Es kam einmal ein Mann zu mir und sprach
 stundenlang über
Seine »großen Gottesvisionen«,
Die er zu fühlen glaubte.

Er bat mich um Bestätigung und fragte:
»Sind diese wundersamen Träume wahr?«

Ich antwortete: »Wie viele Ziegen besitzt
 du?«

Er entgegnete erstaunt:
»Ich spreche von erhebenden Visionen
Und du fragst
Nach Ziegen!«

Und wieder sprach ich und sagte:
»Ja, Bruder – wie viele besitzt du?«

»Nun, Hafis, ich habe zweiundsechzig.«

»Und wie viele Frauen?«
Wieder entgegnete erstaunt:
»Vier.«

»Wie viele Rosenbüsche in deinem Garten,
Wie viele Kinder hast du,
Leben deine Eltern noch,
Und fütterst du die Vögel im Winter?«

Und er antwortete auf alles.

Dann sagte ich:
»Du fragst mich, ob ich deine Visionen für
  wahr halte.
Ich würde sagen, dass sie es wären,
Wenn sie dich
Menschlicher machten,

Freundlicher zu jeder Kreatur und jeder
  Pflanze,
Die du kennst.«

Deine Mutter und meine Mutter

Angst ist das billigste Zimmer des Hauses.
Ich sähe dich lieber
Besser untergebracht.

Denn deine Mutter und meine Mutter
Waren Freundinnen.

Ich kenne den Gastwirt
In diesem Teil der Welt.
Geh und schlaf dich aus,
Komm morgen wieder
Zu meinen Versen.
Dann werden wir gemeinsam den Freund
 besuchen.

Ich sollte keine Versprechungen machen,
Aber ich weiß, dass, wenn du
Irgendwo auf dieser Welt betest,
Etwas Gutes
Geschehen wird.

Gott möchte
Mehr Liebe und Unbeschwertheit in deinen
   Augen sehen,
Denn so bezeugst du ihn am besten.

Deine Seele und meine Seele
Saßen einst zusammen im Schoß des
   Geliebten
Und neckten sich.

Dein Herz und mein Herz
Sind uralte
Freunde.

Das Geschenk

Unsere Verbindung sieht so aus:

Wenn du frierst,
Hole ich eine Decke und packe
Unsere zitternden Füße ein.

Wenn du hungrig bist,
Laufe ich in meinen Garten
Und buddle Kartoffeln aus.

Wenn du Trost und Weisung brauchst,
Knie ich mich schnell an deine Seite
Und biete dir
Dieses ganze Buch an –
Als Geschenk.

Wenn dich des Nachts deine Einsamkeit
 quält
Und du so viel weinst

Sage ich:

Hier ist ein Band –
Binde es um mich!

Hafis
Wird dich
Dein Leben lang
Begleiten.

Der da gehört mir

Jemand band dich
An den Sklavenblock
Und die Unwirklichkeit
Kaufte dich.

Jetzt komme ich immer wieder
Zu deinem Besitzer und sage:

»Der da gehört mir.«

Du hörst uns oft darüber reden
Und das lässt dein Herz
Vor Aufregung springen.

Hab keine Angst,
Ich werde dich nicht
Der Traurigkeit überlassen.

Ich werde mir mit Freuden alles Gold
Borgen
Um dich
Zurückzubekommen.

VI

»Schau, was eine solche Liebe bewirkt«
Die Geheimnisse der Liebe

Was die Sonne nie sagt

Selbst
Nach all dieser Zeit
Sagt die Sonne nie zur Erde:

»Du stehst in meiner
Schuld.«

Schau,
Was eine solche Liebe bewirkt –
Sie erleuchtet
Den
Ganzen
Himmel.

Sie spürte Liebe

Wie
Konnte die Rose
Je ihr Herz öffnen

Und dieser Welt
All ihre Schönheit
Schenken?

Sie spürte die Ermutigung des Lichts,
Das sie liebend umfing.

Sonst

Blieben wir alle

Zu

Erschrocken.

Zwischen unseren Polen

Wem
Kann ich
Die Geheimnisse der Liebe sagen?

Wer hat sein Leben
Nicht auf eine gepolsterte Zelle beschränkt?

Schau dir
Die Natur des Flusses an:
Seine Größe, seine Kraft, seine Fähigkeit zu geben
Werden oft gemessen an seiner Breite,
Seiner Strömung.

Auch Gott
Bewegt sich zwischen unseren Polen,
  in unserer Tiefe.
Er fließt und sammelt Kraft zwischen
Vergebung und
Mitgefühl
In unseren Herzen.

Wem
Kann ich sie sagen,
Wem kann Hafis heute Nacht
Alle Geheimnisse
Der Liebe
Sagen?

Dieser Himmel

Dieser
Himmel,
In dem wir leben,
Ist kein Ort, deine Flügel zu verlieren,
Also liebe, liebe
Liebe.

Ich habe so viel gelernt

Ich
Habe
So viel von Gott gelernt,
Dass ich mich nicht mehr

Christ, Hindu, Moslem,
Buddhist oder Jude nennen kann.

Die Wahrheit hat so viel von sich selbst
Mir mitgeteilt

Dass ich mich nicht mehr
Mann, Frau, Engel
Oder auch nur Menschenseele
Nennen kann.

Die Liebe hat Hafis
So gänzlich durchdrungen,
Dass sie mich zu Asche verwandelt
Und befreit hat

Von jedem Begriff, jeder Vorstellung,
Die mein Verstand
Jemals kannte.

Und Liebe sagt

Und Liebe
Sagt:
»Ich will und werde für dich sorgen«,
Zu allem, was
Ihr nahe ist.

VII

»Nicht um gefangen zu nehmen«
Der Weg in die Freiheit

Nicht mehr so religiös

Was
Haben traurige Menschen
Gemeinsam?

Es scheint,
Sie alle haben
Der Vergangenheit einen Schrein gebaut

Zu dem sie oft pilgern
Um seltsam zu wehklagen
Und anzubeten.

Was ist der Anfang des
Glücks?

Wenn man aufhört
So
Religiös
Zu sein.

Die großen Religionen

Die
Großen Religionen sind die
Schiffe,

Dichter die
Rettungsboote.

Jeder geistig gesunde Mensch,
    den ich kenne,
Ist über Bord gesprungen.

Das ist gut fürs Geschäft,
Nicht wahr,
Hafis?

Der Meister

Der Unterschied
Zwischen einem guten Künstler
Und einem großen Meister

Ist der:

Der Novize legt oft Werkzeug
Oder Pinsel weg

Und ergreift vom Tisch des Verstandes
Einen unsichtbaren Hammer,

Mit dem er hilflos
Staffelei und Jade zertrümmert.

Der Meister hingegen
Verletzt sich und andere nicht mehr
Und fährt fort
Skulpturen aus Licht
Zu meißeln.

Das Fundament

Menschliche Größe
Gründet sich immer
Auf dieses Fundament:
Die Fähigkeit
Aufzutreten, zu sprechen und zu handeln
Wie der
Einfachste
Mensch.

Jetzt ist es an der Zeit

Jetzt ist es an der Zeit
Zu wissen,
Dass alles, was du tust,
Heilig ist.

Warum erwägst du dann nicht
Einen dauerhaften Waffenstillstand
Zwischen dir und Gott?

Jetzt ist es an der Zeit zu erkennen,
Dass alle deine Vorstellungen von richtig und falsch
Nur Stützräder waren,
Die beiseite gelegt werden müssen,
Wenn du endlich
In Wahrhaftigkeit
Und Liebe
Leben willst.

Hafis ist ein Bote Gottes,
Dem der Geliebte
Eine heilige Botschaft aufgetragen hat.

Mein Liebes, bitte sag mir:
Warum wirfst du immer noch mit Stöcken
Auf dein Herz
Und nach Gott?

Was weckt deine Angst,
Wenn du der süßen Stimme deines Herzens
Lauschst?

Jetzt ist es an der Zeit, dass die Welt erkennt,
Dass jeder Gedanke, jede Handlung
   geheiligt ist

Jetzt ist es für dich an der Zeit
Zu begreifen,
Dass es unmöglich
Etwas anderes geben kann
Als Gnade.

Jetzt ist die richtige Jahreszeit,
   um zu erkennen,
Dass alles, was du tust,
Heilig ist.

Nicht um gefangen zu nehmen

Wir sind nicht hierher gekommen
 um einander gefangen zu nehmen,
Sondern um uns sogar noch tiefer
Der Freiheit und Freude auszuliefern.

Wir sind nicht in diese wunderbare Welt
 gekommen
Um uns, fern der Liebe, als Geiseln zu halten.

Lauf, mein Liebes,
Lauf allem davon,
Was deine kostbaren, knospenden Flügel
Beschneiden könnte.

Lauf um dein Leben, mein Liebes,
Lauf jedem davon, der
Ein scharfes Messer
In den heiligen, zarten Traum
Deines edlen Herzens stoßen könnte.

Wir haben die Pflicht
Uns mit jenen Seiten des Gehorsams
   anzufreunden,
die draußen vor unserem Haus stehen
und unserem Verstand zurufen:
»Oh bitte, bitte,
komm heraus und spiel mit uns!«

Denn wir sind nicht hierher gekommen
   um einander gefangen zu nehmen
Oder unseren wundersamen Geist
   einzukerkern,

Sondern um immer tiefer
Zu erleben, was göttlich in uns ist:
Mut, Freiheit und Licht!

Jemand hat dein Kamel losgebunden

Ich kann nicht untätig sein,
 wenn meine Landsleute in Ketten liegen.
Ich kann mich nicht stumm stellen,
Wenn ich die Einsamkeit der Welt
 weinen höre beim Herz des Geliebten.

Meine Liebe zu Gott ist so groß,
Dass ich auch ohne dich
Heute Nacht mit ihm tanzen könnte –
Aber ich hätte dich lieber dabei.

Ist deine Karawane verloren gegangen?

Sie ist es, wenn du nicht mehr
 aus Dankbarkeit oder Glück weinst,
Nicht weinst und tief getroffen bist
Vom Bewusstsein der außergewöhnlichen
 Schönheit,
Die der einfachsten Handlung,
Dem einfachsten Gegenstand
Entströmt.

Mein Liebes, ist deine Karawane verloren
   gegangen?

Sie ist es, wenn du nicht mehr gütig sein
   kannst zu dir selbst
Und liebevoll zu jenen,
Die mit der manchmal schwierigen Pflicht
   leben müssen, dich zu lieben.

Erkenne endlich:
Jemand hat heute Nacht dein Kamel
   losgebunden,
Denn ich höre seine sanfte Stimme
In der Wüste nach Gott rufen.

Erkenne endlich:
Hafis wird immer eine Laterne halten,
In der Galaxien erblühen,
Und ich werde deine Seele immer leiten
Zu der göttlichen Wärme und Heiterkeit
Im Zelt unseres
Geliebten.

Gottes Eimer

Wäre die Welt nicht
In Gottes Eimer gehalten,

Wie könnte ein Meer auf dem Kopf stehen
Und nie einen Tropfen verlieren?

Wäre dein Leben nicht
In Gottes Becher gehalten,

Wie könntest du so tapfer sein
Und angesichts des Todes lachen, tanzen?

Hafis,
Es gibt in der Seele eine verborgene
    Kammer
Die ein großes Geheimnis kennt,

Von dem keine Zunge sprechen kann.

Dein Leben, mein Liebes,
Trägt des Geliebten Siegel und Mal:

»Zu heilig«, »zu heilig« –
Wie könnte es jemals enden!

Tatsächlich hat Gott
Tausend Verheißungen
In dein Herz geschrieben.

Sie alle lauten:
Leben, Leben, Leben
Ist viel zu heilig um
Je zu enden.

Er antwortete

Die Lieblingslieder der Vögel
Hörst du nicht.

Denn ihre inbrünstigsten Lieder ertönen,
Wenn sie mit ausgebreiteten Schwingen
Über den Wipfeln schweben
Im Rausch
Absoluter Freiheit.

Es ist gut für den Gefangenen
Zu glauben,

Dass er eines Tages wieder frei herum-
  schweifen kann,
Dass der wundersame Kies des Lebens
Wieder unter seinen Füßen knirschen wird –

Dass alle Wunden und Schulden beglichen
  sein werden,
Getilgt.

Ich fragte einmal einen Vogel:
»Wie kannst du in dieser Schwere
Der Dunkelheit fliegen?«

Er antwortete:
»Liebe
Trägt mich empor.«

VIII

»Dann beginnt das Herz zu singen«
Das Leben in Freiheit verwandeln

Ich habe Verwandtschaft

Pflanze,
So dass dein eigenes Herz
Wachsen kann.

Liebe,
So dass Gott denken wird:

»Ohhhhh,
In dem Körper dort habe ich einen
 Verwandten!
Ich sollte diese Seele öfters
Zu Kaffee und Kuchen einladen.«

Singe,
Denn dies ist die Nahrung,
Die unsere hungernde Welt
Braucht.

Lache,
Denn das ist
Der reinste
Klang.

Wenn die Geige

Wenn
Die Geige
Die Vergangenheit vergeben kann,

Beginnt sie zu singen.

Wenn die Geige aufhören kann
Sich um die Zukunft zu sorgen,

Wirst du
Ein so betrunkener, übermütiger
   Unruhestifter,

Dass Gott sich dann
Herunterbeugen
Und dich in sein
Haar kämmen wird.

Wenn die Geige
Jede Wunde vergeben kann,
Die andere ihr zufügten,

Dann beginnt das Herz
Zu singen.

Dein Saatbeutel

Laternen
Hängen am Nachthimmel,
Damit dein Auge
Noch ein Bild der Liebe
Auf deiner seidenen Leinwand malen kann,
Bevor du schläfst.

Worte des Allmächtigen haben dich erreicht
Und ein goldenes Feld in deinem Inneren
   bestellt.

Wenn all dein Begehren sich auf das
   Wesentliche konzentriert,
Wirst du nur zwei Dinge wählen:

Mehr zu lieben
Und glücklich zu sein.

Nimm die Töne von der Flöte Hafis'
Und mische sie in deinen Saatbeutel.

Und wenn der Mond sagt:
»Es ist Zeit zu
Pflanzen«,

Warum nicht tanzen,
Tanzen und
Singen?

Eine Schaukel bauen

Du besitzt
Alle Zutaten
Um dein Leben
In einen Albtraum zu verwandeln –
Mische sie nicht!

Du hast genug schöpferischen Geist
Um in deinem Garten für Gott eine
  Schaukel zu bauen,

Das wird ein Riesenspaß!
Lass uns mit Lachen beginnen, Entwürfe
  zeichnen,
Unsere talentierten Freunde einladen.

Ich werde dir helfen
Mit meiner göttlichen Trommel und Leier.

Hafis
Wird tausend Worte singen
Und du kannst sie in die Hände nehmen
Wie goldene Sägen,
Silberne Hämmer,

Schimmerndes Teakholz,
Starke Seile aus Seide.

Du besitzt alle Zutaten
Um dein Leben in Freude zu verwandeln.

Mische sie, mische sie!

Thomas Merton

Zwiesprache der Stille

Herausgegeben von Jonathan Montaldo
Aus dem Englischen übertragen von
Lutz Kliche
112 Seiten, Format 10 x 15 cm, Gebunden
ISBN 3-545-20236-4

Der Trappistenmönch Thomas Merton
widmete sein Leben Gott und den Menschen.
Seine poetischen Kurzmeditationen sind
voll von ungewöhnlicher spiritueller Kraft.
Sie berühren unsere Seele und nehmen
uns mit auf seinen persönlichen Weg des
Glaubens.

Benziger